Alexander Cozens

Principles of beauty, relative to the human head

Alexander Cozens

Principles of beauty, relative to the human head

ISBN/EAN: 9783742824790

Manufactured in Europe, USA, Canada, Australia, Japa

Cover: Foto ©Thomas Meinert / pixelio.de

Manufactured and distributed by brebook publishing software
(www.brebook.com)

Alexander Cozens

Principles of beauty, relative to the human head

PRINCIPLES

OF

BEAUTY,

RELATIVE TO THE

HUMAN HEAD.

By ALEXANDER COZENS.

LONDON:

Printed by JAMES DIXWELL, No. 148, in *St. Martin's Lane*, near *Charing Cross.*

M.DCC.LXXVIII.

TO THE

K I N G.

MAY IT PLEASE YOUR MAJESTY,

WITH the warmest gratitude for the distinguished honour I have received in Your royal permission to dedicate the following attempt to Your Majesty, I beg leave to lay these my endeavours before You.

I feel on this occasion the most sensible pleasure and diffidence, conscious that I approach in Your Majesty, the judge as well as patron of the arts.

I have the honour and happiness of being, with the most profound respect,

YOUR MAJESTY's

Most obliged, most faithful,

And most devoted subject and servant,

ALEXANDER COZENS.

L I S T

O F

S U B S C R I B E R S.

The K I N G.

Her Royal Highnefs the DUCHESS of CUMBERLAND.

His Serene Highnefs the MARGRAVE of BADEN.

A

THE Right Hon. Lord Apfley
    Sir Charles Aigyll, Knt.
Lady Aigyll
Lillie Aynfcombe, Efq;
Mifs Aynfcombe
Thomas Abdy Abdy, Efq;
Thomas Abbot, Efq;
Hugh Atkins, Efq;
Mr. George Ayletr
Mr. Allen

B

The Right Hon. Earl Bathurft, Lord
    High Chancellor of England
The Right Hon. Earl of Befborough
The Right Hon. Lady Beaulieu
The Right Hon. Lord Bofton
Sir George Beaumont, Bart.
The Rev. Dr. Barnard, Provoft of Eton
    College
Colonel Burton
William Beckford, Efq;
Edmund Burke, Efq;
Oldfield Bowles, Efq;
—— Bamfield, Efq;
Hawkins Brown, Efq;
Thomas Bowlby, Efq;
George Birch, Efq; 2 books
George Birch, Efq;
George Birch, Efq;
Thomas Birch, Efq;
Mifs Birch
—— Butler, Efq;
—— Bagnal, Efq;
John Baftard, Efq;
Edmund Baftard, Efq;
—— Burdet, Efq;
Mafter Barnard, of Eton
George Barret, Efq;
—— Brcon, Efq;
Mr. Brompton
Mr. Bretherton, 6 books
Mr. Bonner
John Bathoe, Efq;

C

His Grace the Archbifhop of Canterbury
The Right Hon. Countefs of Clarendon
The Right Hon. Earl of Clonbrazil
The Right Hon. Lord Frederic Cavendifh
The Right Hon. Lord Clive
Sir Francis Carr Clerk, Bart.
Richard Cumberland, Efq;
Dr. Carlogan
—— Crcfpin, Efq;
Mr. Edward Cove
Th. C. Coggan, Efq;
The Rev. Mr. Chamberleyne

Mrs. Child
John Courtney, Efq;
Mifs Colbourne
Mifs Cliffe
Anthony Chamier, Efq;
Patrick George Craufurd, **Efq;**
Mifs Charlotte Collins
J. B. Cipriani, Efq; 3 books
Mr. Colway
Nicholas Cavanagh, Efq; St. Peterfburgh
John Caley, Efq; St. Peterfburgh

D

His Grace the Duke of Devonfhire
Her Grace the Duchefs of Devonfhire
The Right Hon. Countefs of Denbigh, 2
    books
The Lord Bifhop of Durham
The Right Hon. Lady Ducie
Mrs. Delany
The Rev. Dr. Douglafs, Refidentiary of
    St. Paul's
Charles Dunbar, Efq;
—— Drax, Efq;
Philip Delany, Efq;
Henry Duncombe, Efq;
Charles Dumbleton, Efq;
Richard Dalton, Efq;
William Dundridon, Efq;
Mr. John Duval
The Rev. Mr. Davy
J. F. W. Defbarres, Efq; 2 books
—— Dickfon, Efq;
Mr. Daniel
Mrs. Davenport
Mr. Delavaux
Mr. Davidfon

E

The Right Hon. Lady Caroline Egerton
The Right Hon. Lady Sophia Egerton
Mifs Egerton
Sir William Eaft, Bart.
Sir James Erfkine, Bart.
George Ellis, Efq;
The Rev. Mr. Henry Elrefid
Mr. Thomas Evans, 2 books
Mifs Elltcker
Mifs —— Elltcker
A. G. Eckards, Efq; at the Hague

F

The Right Hon. Earl Fitzwilliam
The Right Hon. Countefs Fitzwilliam
The Right Hon. Lady Ann Fitzwilliam
The Right Hon. Lady Frances Fitzwilliam
The Right Hon. Lady Dorothy Fitzwilliam
The Hon. Mr. Fitzwilliam
The **Right Hon.** Lord de Ferrars

The Right Hon. Lady de Ferrars
Capt. French
Mifs Fleming, 2 books
Martin Fonnereau, Efq;
Mifs Elizabeth Fonnerau
William Fraiser, Efq;
Mrs. Foljambe
Mr. Firebrard
Mrs. Fell
Mr. Flaxmen

G

His Grace the Duke of Grafton
The Right Hon. Marchionefs De Grey
The Right Hon. Marquifs of Graeby;
The Hon. Mrs. Leveson Gower;
The Hon. Mr. Greville, 6 books
Mifs Grenville
Mifs Hefter Grenville
Mifs Catherine Grenville
John Grimfton, Efq;
Robert Grimfton, Efq;
Mrs. Grimfton
The Rev. Mr. Gilpin
The Rev. Dr. Goodenough
David Garrick, Efq;
Francis Grofe, Efq;
Robert Level Gwatkin, Efq;
Richard Goulenough, Efq;
The Rev. Mr. John Gooch, **Rector of**
    Benacre, Suffolk
David Godfrey, Efq;
—— Green, Efq;
—— Grindall, Efq;
Mrs. Gilbert
Mr. Gardner
Mr. Gilpin

H

The Right Hon. Lord Hyde
The Hon. Lady Harriot Herbert, 2 books
Sir William Hamilton, Bart.
George Hardinge, Efq;
Dr. Hunter
Governor Holdfworth
William Hoar, Efq;
Gavin Hamilton, **Efq; Rome**
Mifs Hartley
Samuel Hays, Efq;
Mr. John Hunter
Mifs Ifabella Hunter
Mr. Howard
Mr. Humphrey
Mr. Hamilton
Mr. Howes
Mr. Hayward
Mr. Haidwick
Mr. Hurlefront
Mr. Hardy

LIST of SUBSCRIBERS.

I

John Ingilby, Esq;
Mrs. Jubb
Mr. George Jeffery
Mr. Jeffery, Rome

K

The Rev. Dr. King
Richard Gervas Ker, Esq;
David Ker, Esq;
Miss Ker
Mr. Kimber

L

The Lord Bishop of Lichfield
The Right Hon. Lord Visc. Lumley
The Hon. Lady Mary Lowther, 2 books
The Rev. Mr. Langford
The Rev. Mr. Laurence, Master of Bury School
—— Lock, Esq;
Joseph Lefanu, Esq;
Miss Lockwood
Miss Lister
George Lewis, Esq;
Miss Lane
Mrs. Lambe
Robert Leigh, Esq;

M

The Right Hon. Earl of Macclesfield
The Right Hon. Earl of Morton
The Rev. Mr. Mason
Doctor Marriot
Edmund Maynick, Esq;
James Martin, Esq; 2 books
William Misford, Esq;
Mrs. Mountagu
Peter Michell, Esq; 7 books
Mr. Major

N

Peter Nouaille, Esq;
Captain Newton
Miss Newton
Mr. Nollekens
Mr. William Newton

O

His Highness Prince Orloff, Generalissimo of the Artillery of the Imperial of Russia
Miss O'Hara

P

Her Grace the Duchess Dowager of Portland
The Right Hon. Earl of Powis, 2 books
The Right Hon. Countess of Powis, 2 books
The Right Hon. Lady Pelham
The Right Hon. Lady Polwarth
The Hon. Lady Juliana Pena
Sir John Pringle, Bart.
Sir Charles Palmer, Bart.
The Hon. Mrs. Perry
The Rev. Mr. Penticot
The Rev. Mr. Pramick
Capt. Pretzick, 2 books
William Mackworth Praed, jun. Esq;
—— Praed, Esq;
Thomas Poppleton, Esq;
Mrs. Jane Hanbury Pine
Mr. Pott, sen.
Mrs. Pott
Mr. Pott, jun.
Mr. Pearson
Lieut. Pierce
Mr. John Plumptre, of Eton
Mr. Charles Plumptre
Mr. Poole, sen.
Mr. Pollock
Mr. Henry Pars
Mr. Pierce

Q

His Grace the Duke of Queensberry

R

Sir Joshua Reynolds, Knt.
John Richards, Esq;
John Robinson, Esq;
Henry Raper, Esq;
Allen Ramsay, Esq;
Mr. Romney
Mr. Ryland

S

The Right Hon. Earl of Selkirk, 2 books
The Right Hon. Earl of Seaforth, 4 books
The Right Hon. the Lord Scarsdale
Sir George Saville, Bart.
Governor Singleton
—— Sproit, Esq;
Mrs. Snelling
Richard Stonehouse, Esq;
—— Smith, Esq;
James Scraggs, Esq;
Hugh Seaton, Esq;
—— Stabbling, Esq;
Dr. Solander
—— Sprauger, Esq;
Mr. Saunders
Mr. Stubbs

T

The Right Hon. Dowager Lady Viscountess Townshend
The Right Hon. Lady Viscountess Townshend
The Hon. John Townshend
The Hon. Thomas Townshend
Miss Townshend
Capt. Turner
Godfrey Thornton, Esq;
Mr. Richard Toulmin
John Talbot, Esq;
—— Todman, Esq;
John Thompson, Esq.
Mr. George Tierney
Mr. William Tate

V

Viscountess de Vesci
Rudolph. Valltravers, Esq; 2 books
—— Villebois, Esq;
Mrs. Vigor
Miss Maria Villettes
Mrs. Vanderman

W

The Right Hon. Earl of Warwick, 6 books
The Lord Bishop of Worcester
The Dean of Winchester
The Hon. Sir Edward Walpole, Bart.
Sir Watkin Williams Wynn, Bart.
Sir Christopher Whichcote, Bart.
The Right Hon. Alexander Wedderburn, Solicitor General
The Hon. Mrs. Waddington
The Hon. Mrs. Walsingham
The Hon. Henry Westbie
Joseph Windham, Esq;
Mrs. Weddell
Daniel Wray, Esq;
Mrs. Wray
Welch Willis, Esq;
Mrs. Wood
Mrs. Wheeler
Benjamin West, Esq;
Joseph Wilton, Esq;
Mr. Henry Watton
Mr. Wright, of Derby
Mrs. Wright, of Pall Mall
Mrs. Wright, of Newport Street
Mr. Thomas Watton

Y

Mrs. Yonge
Miss Young
Miss Yonge

PRINCIPLES

OF

BEAUTY,

RELATIVE TO THE HUMAN HEAD,

&c. &c. &c.

I DO not propose in this undertaking to enter philofophically into the fubject of beauty in general, confequently fhall not enquire into its exiftence, origin, nature, or tendency. But I mean here to confider beauty in a confined fenfe ; and in fubmitting this work to the Public, I fhall endeavour to fhew by what means fimple beauty of the human face (that is, a beautiful face unmixed with character) may be formed ; as alfo that of compound beauty, which is, beauty to which fome character is annexed—A fyftem, which, I flatter myfelf, may be entertaining to the lovers of art, and perhaps not unedifying to practitioners.

THE want of precifion in our notions of beauty, has kept the world in doubt and difpute whether or not there is fuch a thing in exiftence as a face of fimple and abfolute beauty ; and evident it is, that while any controverfy fubfifts, fimple and abfolute beauty cannot be the fubject of it : For while one man prefers this fet of features, becaufe they imprefs him with an idea of modefty ; a fecond man this air or expreffion of countenance, becaufe it conveys a pleafing affurance of benignity ; a third is in raptures with beauty of a melancholy caft, &c. it is plain thefe obfervers have mixed fomething with the enquiry that is foreign and extraneous, namely, their own humours and predilections, and are not difputing upon beauty itfelf, but upon the modifications of it in the feveral characters of modeft, good-natured, and melancholic. In fhort, it is not the propofition

B itfelf

itfelf they have under confideration, but the corollaries branching from it: For while they continue to annex fuch and fuch a character to it, how can it be fimple beauty? and fo long as they difpute about it in uncertainty and indecifion, how can it be abfolute?

MY doctrine therefore is, that a fet of features may be combined by a regular and determinate procefs in art, producing fimple beauty, uncharactered and unimpaffioned. From this, as from an harmonious and fimple piece of mufic, many variations may be derived by certain arrangements of the features, expreffive of various characters or impreffions of the mind, deviating indeed from the fimple principle of beauty, but not incompatible with it.

THIS fyftem I propofe to illuftrate after the following method.

Firft, By giving a collection of the human features, feparately taken, by an out-line, in profile, as large as life.

Secondly, Tables of the combinations of the features, felected from the aforefaid collection, ready for the ufe of compofing faces. The firft table confifting of thofe features which are expreffive of fimple beauty, and the reft of the tables confifting of thofe which are expreffive of the various charactered beauties; as the majeftic, the fenfible, &c. *

Thirdly, An example of a face in profile, drawn in out-line, according to the firft table, wherein are felected thofe features which are expreffive of fimple beauty.

And alfo examples of faces drawn as before and according to the reft of the tables, wherein are felected thofe features which are expreffive of the charactered beauties.

To each of the faces is applied a head-drefs, drawn likewife in out-line, in the ftyle of the antique, printed on a loofe fheet of thin paper, through which may be feen the correfponding face.

IN forming thefe examples, and following the nice gradations of character confiftent with beauty, and void of paffion, all the care and ability I am mafter of, have been employed. More perfect lines, or jufter expreffion, perhaps might have been produced by more enlightened talents; therefore, I am fenfible I muft refer myfelf to the indulgence of the Public. However, as it is truth rather than elegance, precept rather than practice, which I wifh to convey by my fyftem, provided I make that underftood, any deficiency in refpect of execution, will, I hope, be readily pardoned. But, as I am apprehenfive that fome of the principles, from their novelty or from their nature, cannot but be very obfcurely communicated by words, it will be found that this defect is obviated by the

* I am defirous here to offer a hint, that is, to make tables of features in the foregoing manner, from the moft celebrated antique heads; and indeed it may be extended to nature itfelf, that it fo fay, to real faces. I have made a table of the features of the Venus of Medicis, as an experiment, and others may try the fame.

examples,

examples, which being objects of fight, are beft adapted not only to illuftrate but alfo to demonftrate the abftrufer principles.

IT remains then to fhew by example, that there may exift fuch a fet or combination of features as conftitutes or compofes fimple beauty, as before defined, without any predominant character or affection, and void of all paffion.

THAT from this fimple form proceed various branches of compound beauty, that is, fimple beauty with character or affection fuperinduced; and this I fhall endeavour to prove from example.

IT muft be granted, that where thefe compound or charactered beauties ftrike the obfervers, various opinions and likings will enfue, by the preference that one obferver will give to this character or ftyle of beauty, another to that, &c. But thefe various opinions have no actual reference to beauty fimply confidered, but to the modes of it, and in which the obferver does not decide from the eye, but from the feelings or difpofition of the heart.

THESE fuperinduced characters I would be underftood to mark fo tenderly, as not to fhew any degree of paffion, nor to weaken the predominancy of beauty; proceeding in the lift of examples in a certain gradation, from the moft dignified and fuperior fort, to the moft familiar or inferior, and confining myfelf only to female beauty, although the principles on which thefe fpecimens are founded, are applicable to the male as well as the female human head.

IN confidering with attention what and how many fpecies of human character may be found to coincide with beauty, they appear to me to be fixteen in number, and to come under one or other of the following denominations, viz.

The Majeftic.	The Languid, or Delicate.
The Senfible, or Wife.	The Penetrating.
The Steady.	The Engaging.
The Spirited.	The Good-natured.
The Haughty.	The Timid.
The Melancholy.	The Cheerful.
The Tender.	The Artful.
The Modeft.	The Innocent.

THESE, I prefume, are all the claffes which come under the definition and limitation of charactered beauty, independent of paffion; for I muft again repeat, that the paffions are by no means under my contemplation at prefent.

HERE,

HERE, I apprehend, it is incumbent upon me to explain my particular meaning concerning each of the foregoing terms. The treating of them in full would be too extensive for my present purpose; therefore I shall deliver my sentiments in as concise a manner as possible. And it is also necessary to observe, that each of the human qualities to which the terms are applied, I mean to be a settled habit, not a transitory state of mind.

BY the MAJESTIC; I mean, Dignity proceeding from a consciousness of independence.

BY the SENSIBLE, or WISE; I mean Ability, or strength of reason.

BY the STEADY; A quality founded on resolution of being firm, in distinction to tranquility.

BY the SPIRITED; The result of a constant flow of animal spirits.

BY the HAUGHTY; An assumed dignity, in contradistinction to the majestic.

BY the MELANCHOLY; Dejection proceeding from repetitions of grief.

BY the TENDER; A feeling mind, or sensibility.

BY the MODEST; A diffident mind.

BY the LANGUID; Delicacy of constitution.

BY the PENETRATING; Keenness, or quickness of perception.

BY the ENGAGING; Desire of pleasing.

BY the GOOD-NATURED; Sweetness of nature.

BY the TIMID; A habit produced from frequent apprehensions of injury.

BY the CHEERFUL; Good-nature inclined to mirth.

BY the ARTFUL; Keenness, with a little self-gratification.

BY the INNOCENT; A character void of harm, and also that has no suspicion of harm.

IT may be obferved in the human face that, in general, Nature has affigned a feat for each of the following effects, viz. beauty, expreffion, and dignity; and I prefume, that the firft is placed in the forehead and nofe; the fecond in the eyes and mouth; the third in the chin, and fometimes in the forehead and nofe conjointly; examples of thefe may be pointed out, efpecially amongft the antique heads.

HERE may be ventured a conjecture, that what is called the ftraight, Grecian nofe, and its being faid to be the ftandard of beautiful tafte in that refpect, proceeds from an inaccuracy of obfervation. The author's idea of the ftate of the cafe is this. That of the gently curved lines of beauty, as in the nofe, forehead, &c. thofe are the moft beautiful which deviate leaft from the ftraight line. The ancients have executed that fpecies of lines which I call gently curved, in forming the feature in queftion (the nofe) in fuch a manner, as to caufe the appearance of thefe lines to deviate fo little from the ftraight line, that, to the generality of obfervers, they all feem ftraight, the nice variations not being attended to; and from this it is probable, that the general opinion has arifen, of the Grecian nofe being ftraight, and therefore the ftandard of tafte as to that feature.

FROM what has been faid, in general, I think it may be eftablifhed as a principle, " That beauty and character of the face confift in form and colour; but that paffion " and grace depend upon action." The latter part of the propofition is fo underftood by Milton, when he fays,

" Grace was in all her *Steps*, heav'n in her eye;
" In all her *Geftures* dignity and *Love*."

And Homer, in his defcriptions of Apollo does not fail to draw him in action, as expreffive of his divine grace; whilft Jupiter, conformably to the majefty of his character, is reprefented more fedentary and quiefcent.

ALTHOUGH the variety that is feen in beautiful faces is very evident, yet we are not able immediately to guefs the particular diftinction perhaps of any one of them, fo as to give it a name. This is caufed by the delicate connection of character with beauty, beauty communicating a certain degree of fimilitude to them all; which renders the diftinctions fo nice and latent. If this effect is vifible throughout the examples in this work, then I hope it may be allowed that I have copied nature in that refpect.

MANY thoufands of different combinations of the features may be made, among which there will be many void of character and beauty, but exhibiting certain ideas of mixed countenance, (as the fame occur to us daily in common life); yet others may exprefs both beauty and character, and probably to a greater degree of truth than thofe which are made out in thefe examples. The trial of this is left to the Public

D   at

at large. With a view to this trial, the present work is conftructed in fuch a manner that any perfon inclined to ftudy it, may amufe himfelf in forming new ideas of heads by combining the features differently.

THE method I made ufe of was firft to fettle or determine the idea of the fimple beauty, by felecting the features out of the collection which I thought would produce that idea. After this, I traced thefe felected features one after another in their proper places (beginning with the forehead), thro' a thin or tranfparent fheet of paper. And thus the out-line of the fimple beauty being compleated, I made ufe of it as a plan or ground-work for forming all the fubfequent charactered beauties. In executing each of thefe, I placed a fheet of very thin paper on this out-line of fimple beauty, and altered the features therein to thofe in the collection which appeared to be conducive to the character or fpecies of beauty in contemplation. I was convinced alfo, that the expreffions in the faces might be confiderably augmented by fuitable dreffes of the hair. I have therefore compofed as many of them as there are faces, interleaving them where I prefumed they were beft adapted, propofing that they fhould be applied to or laid over the faces fo as to produce the moft proper effect. For this purpofe they are printed on tranfparent paper, and intended not to be bound in the book, in order to give an opportunity of moving them at pleafure on any one face, and likewife of applying them to any of the reft of the faces.

I BEG leave to obferve, that I have purpofely rejected every collateral affiftance that might recommend the drawings of the examples to a common eye, fuch as fhading, foftnefs, free-drawing, &c. This is adopted, that the merit of thefe examples fhall ftand upon the fimple foundation of out-line alone; and even thefe out-lines I have chofen to draw in fuch a manner as to approach to fomething like mathematical precifion. This I thought was bringing my fyftem to the fevereft trial, of which I am very defirous. But I warmly wifh, that fome fculptor of ability would think it worth his while to render a fet of examples of the fimple and charactered beauties perfect, in models of clay, or executed in marble, that may be relied upon as ftandards of beauty to future ages.

IN confidering the fubject I was led to make the following obfervations, which I prefume to offer to the Public.

SIMPLE beauty of the human face is one and the fame at all times and in all places, and is void of any predominant mental character. It proceeds from certain properties in the object, peculiarly adapted to raife that idea, the inveftigation of which I do not undertake. Thus, were all womankind of the fimple beauty, they would refemble each other. This extreme fimplicity of countenance we may fuppofe to be vifible in the face of Eve, whofe vacant mind is defcribed in the following lines of Milton in his Paradife Loft, and are here given with a fmall variation.

That

That day I oft remember, when from sleep
I first awak'd, and found myself repos'd
Under a shade on flowers, unknowing where
And what I was, whence thither brought, and why.

AS to other characteristics of simple beauty, they are justly marked in Adam's description of Eve at her creation, in the same poem.

" Under his forming hand a creature grew,
" Manlike, but different sex, so lovely fair,
" That what seem'd fair in all the world seem'd now
" Mean, or in her summ'd up, in her combin'd
" And in her looks," ——

SIMPLE beauty may be compared to pure, elemental water, and character is to beauty as flavour, scent, and colour are to water, which, by the addition of these several infusions, will be termed sweet, or sour, or scented, or red, yellow, &c. i. e. species or sorts of water. For the addition of character to beauty gives the latter a distinguishing quality, producing all the different kinds of charactered beauties, each equally pleasing as to the effect upon the different tastes of mankind, but inferior to the first or simple beauty, in regard to purity of beauty. Thus, as I suppose that there is such a thing as elemental water, so I presume that there is elemental beauty, independent of taste or prepossession, but capable of being blended with other qualities. As water may be mixt with wine, milk, &c. in the same glass; so beauty with the expression of majesty, or beauty with sense, &c. may be combined in the same face: The infusion gives flavour or expression to the insipid element; and it may be observed, that some characters will unite more intimately with beauty than others, as it is easy to conceive that the steady, the artful, &c. accord less with beauty than the modest, the good-natured, &c. Hence it should seem that simple beauty is pure, because it has no character, and charactered beauty is in some degree impure, if it may be so expressed, because its beauty is not simple and unmixed.

THEREFORE, according to these observations, beauty, in one sense, is invariable, as in the simple; in another sense it is varied, as in the charactered. And further, it may be probable, it is ordained, that among mankind there shall be certain species of taste or fancy adapted to the various species of charactered beauty; (on this footing may be placed all the different local tastes of beauty, as the Chinese, the Ethiopian, the Hottentot, &c. although the extravagance of some of them appear to Europeans to deviate from simple beauty into deformity)---And likewise, that there are some men who possess a power of discernment which enables them to perceive simple or unmixed beauty. In other words, that there are classes of men who are attached to each of the charactered beauties respectively, and these will not be struck

E   with

with the appearance of fimple beauty; and that there is a clafs of men whofe nice
difcernment and tafte inclines them to admire the fimple beauty, and this clafs will think
the charactered beauties imperfect.   I am inclined to believe that fimple beauty, from
its infipidity, efcapes the notice of mankind, they, from their avocations, paffions, and
habits or cuftoms, being ill-difpofed to difcern, and when difcerned, the impreffion is
foon obliterated by the forementioned prepoffeffions, as thofe who have inured themfelves
to drink ftronger liquors, will not be made to relifh the purity of water.   Therefore
it may be prefumed, thofe perfons are the moft capable of perceiving fimple beauty,
who are moft free from the hurry of avocations, influence of paffions, and inveteracy
of habit or cuftom.

THE effect of fimple beauty on the fpectator is, admiration mixed with pleafure,
affording amufement in beholding it; the powers of the charactered beauties raife other
emotions alfo, tending to interefl the paffions.   Here an obfervation has occurred to
me concerning fimple beauty of the human face, that it poffeffes this fingular property,
it will amufe the curious obferver, by making him fancy or imagine that this face has
a latent capacity for (or with the addition of habit may affume hereafter) that character
with which his tafte is in alliance, and this raifes in him a certain felf-approbation for
having the penetration of finding it out.   Another curious obferver may be amufed in
the fame manner with the fame face, fancying he has difcovered in it a capacity towards
a certain character perfectly agreeable to his tafte, totally different from that of the
other.   And thus, fimple beauty may afford a fund of this kind for the amufement of
fpectators perhaps of every tafte, or fome few excepted.

SIMPLE beauty as exifting in nature, which I fuppofe it does, cannot be made
ufe of as a ftandard to proceed from in any work of art, becaufe perhaps it is impoffible
for the human faculties to difcern where it can be found pure.   The example here
given of fimple beauty is defigned only as a fubftitute for that which is fo difficult to
be found in nature; yet frequent effays towards it by perfons of refined intellects, may
bring fome future fpecimens or examples nearer to the point of pure and fimple beauty.

IN regard to a fuppofition that the application of this work to practice, will
fhackle or cramp genius; it may be anfwered, that notwithftanding the mechanic
principles upon which this fyftem is built, it will not follow, that a painter or
ftatuary, by adhering to them only, muft neceffarily be enabled to produce a reprefentation
of beauty or of character; but he may be affifted by them; for thefe reprefentations
depend not only upon the beautiful forms, or the different variations of the features,
but likewife on the affortment, pofition, proportion, and comparifons of them, the
adjuftment of which belongs to the province of genius.   Therefore, this circumftance
affords the greateft latitude to the tafte and judgment of the compofer, whilft principles
and rules have it not in their power to circumfcribe the bounds of genius.

BEAUTY

BEAUTY confidered in comparifon with deformity admits of a gradation, for a fmall deviation from the fimple or pure beauty is a degree of deformity, as a fmall deviation from light is a degree of darknefs. But between fimple beauty and extreme deformity a certain point is fuppofed; the deviations from pure beauty to this point are ftyled the different degrees of beauty, and all the degrees from thence to extreme deformity are ftyled degrees of deformity. But there are more degrees of deformity than of beauty, as there are a greater number of irregular forms than regular. For this reafon perhaps it would be more difficult to find a ftandard for extreme deformity, than for fimple beauty.

IN the courfe of my contemplating the various kinds of beautiful faces, and frequently reviewing the examples of them in this work, an effect or appearance in the human countenance has prefented itfelf to me, which, perhaps, is new, and may be ufeful in the art of painting. I therefore am induced to offer this occurrence in the light it ftrikes me, and to fubmit the truth and accuracy of the propofition to the confideration of the curious, who will decide it at laft whether it be any thing more than conjecture; it is this, Firft, that the face of fimple beauty feems to exhibit fome faint appearance of all the mental characters, except the fpirited, the haughty, and the artful, as light, according to Sir Ifaac Newton, contains all the prifmatic colours. Secondly, that in all the faces of charactered beauty may be feen a fmall degree of each other. I hope the unavoidable obfcurity of this will be cleared up in the following arrangement.

IN the SIMPLE BEAUTY may be feen a fmall degree of the Majeftic, Senfible, Steady, Melancholic, Tender, Modeft, Languid, Penetrating, Engaging, Good-natured, Timid, Chearful, Innocent.

IN the MAJESTIC may be feen a fmall degree of the Senfible, Steady, Spirited, Haughty, Penetrating, Good-natured.

IN the SENSIBLE are the Majeftic, Steady, Penetrating.

IN the STEADY,---the Majeftic, Senfible, Spirited, Haughty, Penetrating.

IN the SPIRITED,---the Majeftic, Senfible, Penetrating.

IN the HAUGHTY,---the Majeftic, Senfible, Steady.

IN the MELANCHOLIC,---the Senfible, Modeft, Languid.

IN the TENDER,---the Senfible, Melancholic, Modeft, Languid, Penetrating, Good-natured, Timid, Innocent.

F

IN the MODEST,---the Senfible, Good-natured, Timid, Innocent.

IN the LANGUID,---the Senfible, Modeft, Timid.

IN the PENETRATING,---the Senfible, Spirited.

IN the ENGAGING,---the Senfible, Spirited, Penetrating, Good-natured, Artful.

IN the GOOD-NATURED,---the Senfible, Chearful, Innocent.

IN the TIMID,---the Senfible, Tender, Modeft, Penetrating.

IN the CHEARFUL,---the Spirited, Good-natured, Innocent.

IN the ARTFUL,---the Senfible, Penetrating, Engaging.

IN the INNOCENT,---the Senfible, Modeft.

I AM confcious much more may be faid upon the fubject of the beauty of the human face, but I have prefumed only to give a hint of a new practical fcheme to the public, referring the ultimate decifion of the principles to the feelings and experience of mankind; and I fhall reft extremely pleafed, if this undertaking fhall promote a difcuffion of the fubject among the curious.   I beg leave to add, that upon the whole I have endeavoured to produce the following effects in all the examples, that is, beauty, expreffion, and dignity, and all of them in the ftate of tranquility; for I conceive that the whole fet may be performed or compofed in fuch a manner as to be accompanied with more or lefs of the above properties, and yet fufficiently varied in the individuals by the proper diftinction of character.

COLLECTION

OF THE

Principal Variations of the Human Features.

FOREHEAD.	Nose.	Mouth.	Chin.	Eye-brow.	Eye.
Variations 4.	12.	16.	2.	12.	16.

FOREHEAD.

Var. 1ft. Straight.
2d. Curved outward.
3d. Curved inward.
4th. Curved inward and outward.

NOSE.

Var. 1ft. Straight, the direction of the noftril at right angles with the ridge of the nofe.
2d. Curved inward, the direction of the noftril at right angles with the ridge of the nofe.
3d. Curved outward, the direction of the noftril at right angles with the ridge of the nofe.
4th. Rifing in the middle, the direction of the noftril at right angles with the ridge of the nofe.
5th. Straight, and in comparifon with Variation 1ft. the noftril afcending a little obliquely from the ridge of the nofe.
6th. Curved inward, and in comparifon with Variation 2d, the noftril afcending a little obliquely from the ridge of the nofe.
7th. Curved outward, and in comparifon with Variation 3d, the noftril afcending a little obliquely from the ridge of the nofe.
8th. Rifing in the middle and in comparifon with Variation 4th, the noftril afcending a little obliquely from the ridge of the nofe.
9th. Straight, and in comparifon with Variation 5th, the noftril afcending a little more obliquely from the ridge of the nofe.
10th. Curved inward, and in comparifon with Variation 6th, the noftril afcending a little more obliquely from the ridge of the nofe.
11th. Curved outward, and in comparifon with Variation 7th, the noftril afcending a little more obliquely from the ridge of the nofe.
12th. Rifing in the middle, and in comparifon with Variation 8th, the noftril afcending a little more obliquely from the ridge of the nofe.

G   MOUTH.

M O U T H.

Var. ift. Upper lip projecting. Thick lips. Upper lip ending toward the middle of the mouth. Under lip ending in the fame manner.

2d. Upper lip projecting. Thick lips. Upper lip ending toward the middle of the mouth. Under lip ending at the corner of the mouth.

3d. Upper lip projecting. Thick lips. Upper lip ending at the corner of the mouth. Under lip ending toward the middle of the mouth.

4th. Upper lip projecting. Thick lips. Upper lip ending at the corner of the mouth. Under lip ending in the fame manner.

5th. Upper lip projecting. Thin lips. Upper lip ending toward the middle of the mouth. Under lip ending in the fame manner.

6th. Upper lip projecting. Thin lips. Upper lip ending toward the middle of the mouth. Under lip ending at the corner.

7th. Upper lip projecting. Thin lips. Upper lip ending at the corner of the mouth. Under lip ending toward the middle of the mouth.

8th. Upper lip projecting. Thin lips. Upper lip ending at the corner of the mouth. Under lip ending in the fame manner.

9th. Upper lip projecting. Upper lip thin. Under lip thick. Upper lip ending toward the middle of the mouth. Under lip ending in the fame manner.

10th. Upper lip projecting. Upper lip thin. Under lip thick. Upper lip ending toward the middle of the mouth. Under lip ending at the corner of the mouth.

11th. Upper lip projecting. Upper lip thin. Under lip thick. Upper lip ending at the corner of the mouth. Under lip ending toward the middle of the mouth.

12th. Upper lip projecting. Upper lip thin. Under lip thick. Upper lip ending at the corner of the mouth. Under lip ending in the fame manner.

13th. Upper lip projecting. Upper lip thick. Under lip thin. Upper lip ending toward the middle of the mouth. Under lip ending in the fame manner.

14th. Upper lip projecting. Upper lip thick. Under lip thin. Upper lip ending toward the middle of the mouth. Under lip ending at the corner.

15th. Upper lip projecting. Upper lip thick. Under lip thin. Upper lip ending at the corner of the mouth. Under lip ending toward the middle of the mouth.

16th. Upper lip projecting. Upper lip thick. Under lip thin. Upper lip ending at the corner of the mouth. Under lip ending in the fame manner.

CHIN.

C H I N.

Var. 1st. Single.
2d. Double.

E Y E - B R O W.

Var. 1st. Straight, at right angles with the ridge of the nose.
2d. Straight, descending obliquely from the ridge of the nose.
3d. Straight, ascending obliquely from the ridge of the nose.
4th. Curved, at right angles with the ridge of the nose.
5th. Curved, descending obliquely from the ridge of the nose.
6th. Curved, ascending obliquely from the ridge of the nose.
7th. Waving, in position, at right angles from the ridge of the nose. The part next to the nose curving upward.
8th. Waving, in position descending from the ridge of the nose. The part next to the nose curving upward.
9th. Waving, in position ascending from the ridge of the nose. The part next to the nose curving upward.
10th. Waving, in position, at right angles with the ridge of the nose. The part next to the nose curving downward.
11th. Waving, in position descending from the ridge of the nose. The part next to the nose curving downward.
12th. Waving, in position ascending from the ridge of the nose. The part next to the nose curving downward.

E Y E.

Var. 1st. Close. Upper and under eye-lid broad. Pupil much covered by the upper eye-lid.
2d. Close. Upper and under eye-lid narrow. Pupil much covered by the upper eye-lid.
3d. Close. Upper eye-lid broad. Under eye-lid narrow. Pupil much covered.
4th. Close. Upper eye-lid narrow. Under eye-lid broad. Pupil much covered.
5th. Close. Upper and under eye-lid broad. Pupil a little covered.
6th. Close. Upper and under eye-lid narrow. Pupil a little covered.
7th. Close. Upper eye-lid broad. Under eye-lid narrow. Pupil a little covered.
8th. Close. Upper eye-lid narrow. Under eye-lid broad. Pupil a little covered.
9th. Open. Upper and under eye-lid broad. Pupil much covered.
10th. Open. Upper and under eye-lid narrow. Pupil much covered.
11th. Open. Upper eye-lid broad. Under eye-lid narrow. Pupil much covered.
12th. Open. Upper eye-lid narrow. Under eye-lid broad. Pupil much covered.
13th. Open. Upper and under eye-lid broad. Pupil a little covered.
14th. Open. Upper and under eye-lid narrow. Pupil a little covered.
15th. Open. Upper eye-lid broad. Under eye-lid narrow. Pupil a little covered.
16th. Open. Upper eye-lid narrow. Under eye-lid broad. Pupil a little covered.

H   TABLES

T A B L E S

O F

Various Combinations of the Features.

T A B L E I.

Combination of the Features of the SIMPLE BEAUTY.

Forehead, 2d variation. Nofe, 6th. Mouth, 3d. Chin, 1ft. Eye-brow, 4th. Eye, 12th.

T A B L E II.

Of the Features of the MAJESTIC.

Forehead, 1ft var. Nofe, 5th. Mouth, 4th. Chin, 2d. Eye-brow, 8th. Eye, 13th.

T A B L E III.

Of the SENSIBLE, or WISE.

Forehead, 1ft var. Nofe, 3d. Mouth, 4th. Chin, 1ft. Eye-brow, 6th. Eye, 9th.

T A B L E IV.

Of the STEADY.

Forehead, 1ft var. Nofe, 7th. Mouth, 10th. Chin, 2d. Eye-brow, 10th. Eye, 14th.

T A B L E V.

Of the SPIRITED.

Forehead, 4th var. Nofe, 12th. Mouth, 12th. Chin, 1ft. Eye-brow, 9th. Eye, 14th.

T A B L E VI.

Of the HAUGHTY.

Forehead, 1ft var. Nofe, 12th. Mouth, 4th. Chin, 2d. Eye-brow, 4th. Eye, 9th.

T A B L E VII.

Of the MELANCHOLIC.

Forehead, 2d var. Nofe, 9th. Mouth, 10th. Chin, 1ft. Eye-brow, 8th. Eye, 9th.

TABLE

T A B L E   VIII.

Of the *T E N D E R.*

Forehead, 2d var.   Nose, 6th.   Mouth, 12th.   Chin, 1ft.   Eye-brow, 11th.   Eye, 2d.

T A B L E   IX.

Of the *M O D E S T.*

Forehead, 2d var.   Nose, 5th.   Mouth, 12th.   Chin, 1ft.   Eye-brow, 4th.   Eye, 12th.

T A B L E   X.

Of the *L A N G U I D,* *or* *D E L I C A T E.*

Forehead, 2d var.   Nose, 4th.   Mouth, 8tb.   Chin, 1ft.   Eye-brow, 7th.   Eye, 12th.

T A B L E   XI.

Of the *P E N E T R A T I N G.*

Forehead, 2d var.   Nose, 5th.   Mouth, 6th.   Chin, 1ft.   Eye-brow, 1ft.   Eye, 8th.

T A B L E   XII.

Of the *E N G A G I N G.*

Forehead, 2d var.   Nose, 12th.   Mouth, 12th.   Chin, 2d.   Eye-brow, 8th.   Eye, 2d.

T A B L E   XIII.

Of the *G O O D - N A T U R E D.*

Forehead, 2d var.   Nose, 6th.   Mouth, 4th.   Chin, 2d.   Eye-brow, 5th.   Eye, 2d.

T A B L E   XIV.

Of the *T I M I D.*

Forehead, 2d var.   Nose, 6th.   Mouth, 12th.   Chin, 1ft.   Eye-brow, 8th.   Eye, 14th.

T A B L E   XV.

Of the *C H E A R F U L.*

Forehead, 2d var.   Nose, 10th.   Mouth, 4th.   Chin, 2d.   Eye-brow, 7th.   Eye, 6/14th.

T A B L E   XVI.

Of the *A R T F U L.*

Forehead, 2d var.   Nose, 10tb.   Mouth, 6th.   Chin, 1ft.   Eye-brow, 9th.   Eye, 6th.

T A B L E   XVII.

Of the *I N N O C E N T.*

Forehead, 2d var.   Nose, 2d.   Mouth, 9th.   Chin, 1ft.   Eye-brow, 5th.   Eye, 14th.

F I N I S.

PRINCIPES

DE

BEAUTÉ,

CONSIDERÉS RÉLATIVEMENT

À LA TÊTE HUMAINE.

Par ALEXANDRE COZENS.

À LONDRES,

Imprimé par JACQUES DIXWELL, No. 148, dans la *Rue St. Martin*, proche *Charing Cross*.

M.DCC.LXXVII.

A U

R   O   I.

S I R E,

C'EST avec la plus vive reconnoiſſance pour l'honneur diſtingué que Votre Majeſté a bien voulù me faire en me permettant de Lui dédier l'eſſai ſuivant, que j'oſe aujourd'hui le mettre a Ses pieds.

Le ſentiment que j'éprouve en cette occaſion eſt mêlé de plaiſir et de crainte, convaincu, comme je le ſuis, que je trouverai en Votre Majeſté non moins le juge que le protecteur des arts.

Je ſuis avec le plus profond reſpect,

S I R E,

De Votre Majeſté

Le très obligé, très fidele,

Et très devoué ſujet et ſerviteur,

ALEXANDRE COZENS.

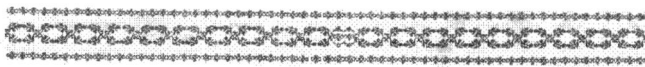

PRINCIPES

DE

BEAUTÉ,

CONSIDERÉS RELATIVEMENT

À LA TÉTE HUMAINE,

&c.   &c.   &c.

COMME je ne me propose point dans cet ouvrage de traiter philosophiquement de la beauté en général, je n'entrerai dans aucune discussion sur son exiſtance, son origine, sa nature, & ses fins ; me contentant de la considérer dans un sens limité ; & soumettant mes idées au jugement du public, je tâcherai donc, prémiérement, de démontrer comment on peut former la beauté simple de la face humaine, c'est à dire un beau visage sans caractére ; comme auſſi la beauté compoſée, c'est à dire une beauté à laquelle est annexé un caractére ; & je me flatte que mon syſtême pourra, non seulement plaire aux amateurs, mais encore devenir utile aux praticiens.

Le manque de précision dans les idées qu'on se forme de la beauté a jusqu'ici fait douter s'il existoit telle choſe qu'un visage d'une beauté simple & abſolue ; & il est évident que, tant que cette controverse subſiſtera, la beauté simple & abſolue n'en ſçauroit être le sujet. Car, tandis qu'un tel homme préfere un certain aſſemblage de traits à tout autre, parcequ'il lui donne l'idée de la modeſtie, qu'un autre admire une contenance qui exprime la bonté d'ame, qu'un troiſiéme est tranſporté à la vûe d'un visage sur lequel est répandû un leger nuage de mélancolie, & ainſi des autres goûts ; n'est-il pas clair que tous ces obſervateurs ont mêlé quelque choſe d'étranger et d'hétérogene dans leurs recherches, nommément leurs faintaiſies & leurs penchants, et qu'ils ne conteſtent pas sur la beauté en elle même, mais sur ſes modifications dans les divers caractéres de bon, de modeſte, et de mélancolique.

Enfin ;

Enfin; ce n'eſt pas la propoſition qu'ils ont en vûe, mais bien les corollaires qui en reſultent; car tandis qu'ils continuent d'annexer tels et tels caractéres à la beauté, comment peut-elle être ſimple? et tandis qu'ils demeurent dans cette incertitude, et continuent cette diſpute, comment peut-elle être abſolue? Mon ſentiment eſt donc, qu'un certain aſſemblage de traits peut-être combiné par un procédé régulier et déterminé de l'art, lequel produira la beauté ſimple ſans caractére et ſans paſſions. De là, comme d'une harmonieuſe et ſimple piece de muſique, pluſieurs variations peuvent être derivées, par certain arrangement de traits exprimant les divers caractéres, ou mouvemens de l'ame; ce qui, à la vérité s'éloignera du principe de ſimple beauté, mais ne s'y trouvera point incompatible.

Je me propoſe de mettre ce ſyſtéme dans tout ſon jour par la méthode ſuivante.

Prémiérement, en donnant une collection des traits humains, pris ſéparément, et déſſinés en contours de profil, et de grandeur naturelle.

Secondement, par des tables des diverſes combinaiſons de ces traits choiſis dans la collection ſuſdite, et tout prêts à être employés pour la compoſition des viſages. La prémiére table conſiſtant dans ces traits qui expriment la beauté ſimple, et les autres tables conſiſtant en ces traits qui expriment les beautès caractériſées; comme la majeſtueuſe, la ſpirituelle, &c. *

Troiſiémement, en donnant l'exemple d'un viſage de profil tiré en contours, et ſelon la prémiére table, dans laquelle j'ai choiſi les traits qui expriment la beauté ſimple ;

Et d'autres exemples de viſages deſſinès de la même manière, et d'après des tables dans leſquelles j'ai choiſi les traits qui expriment les beautès caractériſées.

A chacun de ces viſages, j'ai adapté une cœffure, tracée dans le ſtyle de l'antique, et imprimée ſur une feuille d'un papier ſi mince qu'on peut voir à travers le viſage auquel elle ſied.

En formant ces modéles, et en ſuivant les gradations délicates des caractéres qui conviennent à la beauté dénuée de paſſions, j'ai employé toute l'attention et toute l'habileté dont je ſuis capable; cependant, comme des touches plus parfaites, une plus juſte expreſſion, peuvent avoir été produites par des talens ſupérieurs aux miens, je m'en remets à l'indulgence du public. Qu'il me ſoit, néanmoins permis d'obſerver que, comme c'eſt le vrai plutôt que l'élégance, le précepte plutôt que la pratique que je deſire faire entendre par mon ſyſtéme, il y a lieu d'eſpérer que, pourvû que je ne manque pas de clarté, on excuſera ſans peine quelques fautes d'execution. Sur cette conſidération, et craignant que la nouveauté et la nature de mes principes ne jettaſſent de l'obſcurité dans mes phraſes, j'ai cherché à parler aux yeux par des exemples, comptant d'obvier à tout par ce moyen lequel eſt, en effet, le plus propre, non ſeulement pour expliquer, mais encore pour démontrer les principes les plus abſtraits.

---

* Qu'il me ſoit ici permis d'offrir une idée: ne pourroit-on pas de la même manière faire des tables de traits tirés des têtes antiques? je dis plus, ne pourroit-on pas aller juſqu'à copier la nature dans la compoſition des viſages d'après de viſages réels. J'ai moi même fait une table des traits de la Vénus de Medicis; et d'autres que moi peuvent s'amuſer à de pareils eſſais.

Il me refte donc à faire voir par des exemples qu'il peut y avoir un certain affemblage ou combinaifon de traits, qui conftitue, ou compofe, la beauté fimple, définie comme cy deffus, fans caractére prédominant, fans affection particuliére, et totalement dénuée de paffion.

Que de cette fimple forme procédent plufieurs branches de beauté compofée, c'eft à dire, la beauté fimple avec une addition d'affections et de caractéres ; et ceci, je m'efforcerai de le prouver par des exemples.

Il faut avouer que, quand ces beautés compofées, ou characterisées, frappent les obferva-teurs, diverfes opinions, et différens goûts s'en enfuivent, vû la préférence que chacun d'eux donne à un caractére, ou ftyle de beauté, plutôt qu'à un autre ; mais cette varieté d'opinions n'a aucun rapport avec la beauté fimplement confiderée ; elle roule fur les différens modes dont cette beauté eft fufceptible, lefquels font moins apperçûs par les yeux que fenti par le cœur.

Il eft fous entendû que cette addition de caractéres doit être marquée fi délicatement qu'on n'y voïe aucun degré de paffion, et que la beauté, qui doit toujours prédominer, n'en foit pas affoiblie. Je procederai donc dans la lifte des exemples dans une forte de gradation, depuis le genre le plus dignifié, ou fupérieur, jufqu'au plus familier, ou inférieur, et en me bornant à la beauté des femmes ; quoique les principes fur lefquels ces effais font fondès foïent applicables à la tête humaine, en général, et pour les deux fexes.

En confidérant avec attention les différentes efpéces et le nombre de caractéres humains qui peuvent s'accorder avec la beauté, il m'a parû qu'on peut les comprendre fous les déno-minations fuivantes, feize en nombre.

La Majeftueufe.	La Languiffante, ou Délicate.
La Spirituelle, ou Senfée, ou Judicieufe.	L'Intelligente, ou Pénétrante.
La Décidée, ou Ferme, ou Déterminée.	La Prévenante, ou Engageante.
La Vive.	La Douce, ou Sociable.
La Fiére, ou Hautaine.	La Craintive.
La Mélancolique.	La Gaïe.
La Senfible, ou Tendre.	La Fine, ou Rusée, ou Adroite.
La Timide.	L'Innocente.

Ce font là toutes les claffes de beautés qui me paroiffent entrer dans la définition et limi-tation de la beauté caractérisée et indépendante de paffion ; car, je dois le répéter, ce n'eft point les paffions que j'ai actuellement en vûe.

Je crois ici devoir expliquer ou définir l'idée que j'attache aux epithetes que je viens de donner aux beautés caractérisées. Traiter cette matiére à fond feroit une tâche trop longue pour mon deffein actuel ; ainfi je dirai ce que j'en penfe de la manière la plus concife qu'il

C   me me fera possible. J'obferverai, cependant, que par chacune de ces qualités humaines que les defdites épithetes défiguent, j'entens une habitude fixe de l'ame et non une fituation momentanée de l'efprit.

Par la Majeftueufe, j'entens une dignité procédant d'une conviction intime d'independance.

Par la Spirituelle, ou Senfée, j'entens une capacité, ou force de raifon.

Par la Decidée, ou Ferme, j'entens une qualité fondée fur la réfolution d'être ferme, en diftinction de la tranquillité machinale.

Par la Vive, j'entens le réfultat d'un mouvement conftant et rapide des efprits animaux.

Par la Fiére, ou Hautaine, j'entens une dignité qu'on s'arroge, en contradiction de la Majeftueufe.

Par la Mélancolique, j'entens un abbatement d'efprit, provenant de chagrins répétés.

Par la Senfible, ou Tendre, j'entens une ame qui fent vivement; et s'emeut facilement.

Par la Timide, j'entens un efprit qui fe défie de lui même.

Par la Languiffante, ou Délicate, j'entens une délicateffe de temperemment.

Par la Pénétrante, ou Intelligente, j'entens une perfpicuité et viteffe dans les perceptions.

Par la Prévenante, ou Engageante, j'entens le defir de plaire.

Par la Douce, ou Sociable, j'entens une douceur de caractére.

Par la Craintive, j'entens une habitude produite par l'apprehenfion fréquente de mauvais traitements.

Par la Gaïe, j'entens une perfonne de belle humeur et encline à la joïe.

Par la Fine, ou la Rusée, ou Adroite, j'entens une manière perçante d'examiner les chofes avec l'intention d'en faire fon profit.

Par l'Innocente, j'entens un caractére inoffenfif, et incapable de foupçonner le mal.

On peut obferver dans la face humaine, en général, que la nature a affigné un lieu particulier pour chacun des effets fuivants, viz. beauté, expreffion, dignité. De là j'avancerai,

que

que, c'eſt le front et le nez qui conſtituent la beauté, que l'expreſſion s'annonce par les yeux et la bouche, et que la dignité ſiège ſur le menton, et quelquefois ſur le front et le nez, conjointement; ce qu'on pourroit aiſément prouver par des exemples tirés des têtes antiques.

On peut ici hazarder une conjecture; c'eſt, que ce qui eſt appellé le nez droit des Grecs, lequel eſt regardé comme le modele du beau à cet égard, procéde d'un manque d'attention dans l'examen. L'idée de l'auteur ſur ce point eſt celle ci; que dans les lignes légerement courbées de la beauté, telles qu'elles ſe trouvent dans le front, le nez, &c. celles qui s'éloignent le moins de la ligne droite ſont les plus belles. . Les anciens ont executé ces eſpéces de lignes, que j'appelle inſenſiblement courbées, en formant le trait en queſtion (le nez) en telle manière que leur déviation de la ligne droite etant preſque imperceptible, elles paroiſſent être toutes entierement droites à la pluſpart des obſervateurs qui ne ſaiſiſſent pas ces délicates variations; et de là eſt probablement venûe la commune opinion que, le nez Grec etant droit, il eſt le modele du goût pour ce trait.

De ce qui a été dit en général, je penſe qu'on peut établir comme un principe, " Que, " la beauté et le caractére du viſage conſiſtent en la forme et la couleur; mais que la paſſion " et les graces dépendent de l'action." La derniere partie de cette propoſition eſt ainſi entendue par Milton, quand il dit;

On voïoit de la grace dans tous ſes mouvemens, le ciel dans ſes yeux,
De la dignité et de l'amour dans ſes moindres geſtes.

Et Homère dans ſes deſcriptions d'Appollon ne manque pas de le peindre en action, comme le moïen le plus propre à exprimer ſa grace divine; tandis que plus conformement au caractére de Jupiter, il le repreſente recûeilli et tranquille.

Quoique la varieté qui ſe trouve dans les beaux viſages ſoit évidente, cependant nous ne pouvons pas immédiatement deviner la diſtinction particuliére qui eſt entre eux de manière à pouvoir y donner un nom. Ceci eſt cauſé par la délicate liaiſon des caractéres avec la beauté, qui leur communique à tous un certain degré de reſſemblance; et rend ces diſtinctions preſque imperceptibles dans leur nuances légéres. Si cet effet eſt apperçu dans tous les exemples de cet ouvrage, on conviendra, j'eſpére, que j'aurai copié la nature à cet égard.

Des milliers de combinaiſons de traits peuvent ſe faire, parmi leſquelles il y en aura pluſieurs vuide de caractére, comme auſſi de beauté, mais donnant certaines idées de contenances mixtes (comme on en voit tous les jours dans le cours de la vie,) cependant d'autres pourront exprimer tout enſemble la beauté et les caractéres, et probablement un plus grand degré de vérité qu'il ne s'en trouve dans les exemples ci joint. Cette expérience eſt abandonée au public en général. Dans la vûe de faciliter cet eſſai, l'ouvrage préſent eſt arrangé de manière que, qui-conque voudra l'étudier pourra s'amuſer à former de nouvelles idées de faces humaines en combinant les traits en différentes ſortes.

D

La

La méthode dont je fis d'abord ufage fut d'établir et de déterminer l'idée de la beauté fimple, en choififfant les traits de la collection qui je crois doit produire cette idée. Après quoi je traçai ces traits choifis l'un après l'autre dans leurs propres places, commençant par le front, à travers d'une feuille de papier mince & tranfparent. Les contours de la beauté fimple etant ainfi achevés, j'en fis ufage comme d'un plan ou canevas pour former les fubféquentes beautés caractérisées. En exécutant chacun de ces modéles je plaçai, une feuille de papier très mince fur ces contours de la beauté fimple, & en changeai les traits pour ceux de la collection qui me paroiffoit tendre à exprimer le caractère ou efpéce de beauté que j'avois en vûe. M'étant auffi convaincû que l'expreffion des vifages, peut-être confidérablement augmentée par la coiffure, je compofai autant de coiffures qu'il y a de vifages, les plaçant ou je prefumai qu'elles feroient le mieux adaptées, dans l'intention qu'elles fuffent appliquées aux vifages, & arrangées de manière à produire l'effet le plus convenable. Je les ai donc faites imprimer fur un papier tranfparent, & n'ai pas voulû les faire relier avec le refte du livre, afin de donner le moïen de les mouvoir à plaifir fur quelque face que ce foit, et de les appliquer à toutes les faces, felon qu'on le trouveroit bon.

Qu'on me permette d'obferver que j'ai tout exprès rejettè toute affiftance collatérale qui eût pû prévenir des yeux ordinaires en faveur de ces deffeins & de ces exemples ; comme les ombres, les traits adoucis & libres, &c. Ceci reconnû, le mérite de ces exemples reftera établi fur le fondement des contours feulement, contours que j'ai même jugé à propos de tracer d'une manière qui approche de la précifion mathematicale. C'étoit là mettre mon fyftéme à la plus févére des épreuves, & c'eft ce que je defire ; mais je fouhaiterois ardemment que quelque fculpteur habile trouva qu'il vaudroit la peine de donner un affortiment parfait d'exemples de la beauté fimple & des beautés caractérisées, en modéle de terre glaize (ou de plâtre), ou executés en marbre, afin qu'ils ferviffent comme de modèles pour la beautès dans les fiécles futurs.

En approfondiffant ce fujet, j'ai été entrainé aux obfervations fuivantes, que j'ofe offrir au public.

La beauté fimple de la face humaine eft unique, & la même dans tous les tems & dans tous les lieux, & elle eft denuée de tout caractére intellectuel & prédominant. Ceci procéde de certaines propriètès dans l'objet, qui font expreffement convenables à faire naître cette idée, l'examen defquelles je n'entreprens point. Ainfi, fi toutes les femmes avoient une beauté fimple elles fe reffembleroient toutes entre elles. Cette extreme fimplicité de contenance étoit probablement très marquée dans Eve, dont l'ame, non préoccupée, eft décrite par Milton dans les lignes fuivantes de fon Paradis perdû, lefqu'elles font données ici avec très peu d'altérations.

> Ce jour (je me le rappelle fouvent) que fortant d'un profond fommeil
> Je m'eveillai pour la prémiére fois, et me trouvai couchée
> A l'ombre fur des fleurs, ne fachant point où j'étois,
> Et qui j'étois, d'où, et pourquoi l'on m'avoit portée en ce lieu.

Quant

Quant aux caractéres de la beauté simple, ils font frappants dans la defcription qu'Adam fait d'Eve au moment de fa création, lorfqu'il dit dans le même poéme ;

    " Sous fa main créatice un être fe formât ;
    " Il étoit femblable à l'homme, mais différoit en fexe,
    " Mais fe trouvoit fi aimable et fi beau,
    " Que tout ce qu'il y avoit de beau dans le monde fembloit
    " Vif alors, ou plutôt étoit raffemblé, et combiné en elle
    " Et dans fes regards.

La beauté fimple peut être comparée à une eau pure et élementaire, & le caractére eft à la beauté ce que font la faveur, l'odeur, & la couleur à l'eau, qui par l'addition de diverfes infufions, feroit appellée douce, ou aigre, parfumée, ou jaune ou rouge, &c. toutes différentes efpéces ou fortes d'eau ; car l'addition de caractére donne à la beauté une qualité diftinctive, produifant tous les différent genres de beautés caractérisées, chacune également agréable quant à l'effet qu'elles ont fur les différents goûts du genre humain, mais inférieure à la beauté fimple par rapport à fa pureté, ainfi, comme je fuppofe qu'il exifte une eau élémentaire, je préfume auffi qu'il y a une beauté élémentaire, laquelle ne dépend ni du goût, ni de la prévention, mais qui peut recevoir l'alliage d'autres qualités. Comme l'eau peut-être mêlée avec le vin ou le lait, &c. dans le même verre ; de même la beauté avec l'expreffion de la majefté, ou avec celle du bon fens, peut-être combinée dans le même vifage. L'infufion donne la faveur ou l'expreffion à l'infipide élément ; & on peut obferver que quelques caractéres s'uniffent plus intimément à la beauté que d'autres, tandis qu'on conçoit aifémement que la fermeté & la rufe s'accordent moins avec la beauté que ne le font la modeftie et la douceur, &c. De là il paroitroit que la beauté fimple eft pure, parcequ'elle n'a point de caractére, et que les beautés caractérisées font en quelque dégré (fi l'on peut ainfi s'exprimer) impures, parce que leur beauté n'eft pas fimple et fans mélange.

En confequence de ces obfervations, la beauté eft, dans un fens, invariable, comme dans la beauté fimple, et, dans un autre fens, elle eft variée, comme dans les beautés caractérisées (prenant toute la fuite enfemble) et de plus il eft probable qu'il eft ordonné que parmi les hommes il fe trouveroit certaines efpeces de goûts et de fantaifies adaptées aux diverfes efpéces de beautés caractérisées ; (fur ce fondement on peut établir toutes les différentes opinions locales fur la beauté, comme la Chinoife, l'Ethiopienne, l'Hottentote, &c. quoique l'extravagance de quelques uns de ces goûts nous paroiffe, à nous Européens, s'éloigner de la beauté fimple jufqu'à la difformité ;) et de même, qu'il y a des hommes qui poffedent une force de difcernement qui les rend capables d'appercevoir la beauté fimple et fans mélange. En d'autres mots, qu'il y a des claffes d'hommes qui étant refpectivement attachés à chacune des beautés caractérisées, ne feront point frappés à l'afpect de la beauté fimple, et qu'il y a une autre claffe d'hommes que leur difcernement et leur goût delicat portent à admirer la beauté fimple, et cette claffe

E   trouvera

trouvera les beautés caractérisées imparfaites. J'ai dû penchant à croire que la beauté simple échape, par son insipidité, à l'attention des hommes, qui, vû leurs occupations, passions, habitudes, ou coutumes, sont mal disposés pour la discerner, et sur lesquels, quand ils la discernent, elle ne fait, à cause des susdites préventions, qu'une impression passagère; semblables à ceux qui s'étant accoutumès à boire des liqueurs fortes ne peuvent plus savourer la pureté de l'eau. On peut donc présumer que les personnes qui sont les plus capables d'appercevoir la beauté simple sont celles qui sont le plus libres de l'embarras des affaires, de l'influence des passions, d'habitudes invétérées, et de vieilles coutumes.

L'effet que la beauté simple produit sur le spectateur est l'admiration, mêlée avec le plaisir dans l'amusement que sa vûe lui fournit; les beautés caractérisées font naître d'autres sortes d'émotions qui tendent à interesser les passions. Ici j'ai casuellement remarqué que la beauté simple de la face humaine possede la singulière propriété d'amuser l'observateur curieux en lui faisant croire ou imaginer qu'un certain visage a en soi, ou peut prendre, avec l'addition de l'habitude, le caractère qui s'allie avec son propre goût; pensée qui l'engage à s'approuver lui même comme aiant fait une découverte. Un autre observateur curieux peut s'amuser de la même manière en regardent le même visage, & s'imaginant d'y trouver une capacité qui tend à un caractére entièrement de son goût, mais totalement différent de celui qu'un autre y a apperçu. Ainsi la beauté simple peut fournir un fond de ce genre à des spectateurs de presque tous les goûts.

La beauté simple, telle que je la suppose exister dans la nature, ne peut servir de modéle pour aucun ouvrage de l'art, parce qu'il est peut-être impossible aux facultès humaines de la trouver pure. L'exemple donné ici de la beauté simple est seulement mis à la place de cette beauté qu'il est si difficile de trouver dans la nature. Cependant, de frequents essais pour parvenir à cette découverte, faits par des personnes parfaitement intelligentes, peuvent produire quelques echantillons, ou exemples, qui se rapprocheront de plus en plus du point de la beauté pure et simple.

A l'égard de l'objection, que l'application de cet ouvrage à la pratique, ne resserre ou ne reprime le génie; on peut répondre, que nonobstant les principes méchaniques sur lesquels ce systême est établi, il ne s'ensuivra pas qu'un peintre, ou statuaire, puisse, seulement en y adhérant, produire une representation de la beauté ou du caractére, mais il peut du moins en être assisté. En effet, ces représentations dépendent non seulement des belles formes ou des différentes variations des traits, mais encore de leur assortiment, position, proportions et comparaisons; et qui ne voit que l'ajustement de tout cela est du ressort du génie. Cette circonstance offre donc la plus grande étendue au goût et au jugement du dessinateur, tandis qu'il n'est pas au pouvoir des principes de mettre des bornes au génie.

La

La beauté mise en comparaison avec la difformité admet une gradation ; c'est à dire, une petite déviation de la beauté simple est un degré de difformité, comme une petite déviation de la lumiére est un degré de tenebres. Mais entre la beauté simple & la difformité un certain point est supposé, & toutes les déviations de la beauté simple vers ce point sont regardées comme des différents degrés de beauté, tandis que tous les degrés de ce point vers l'extreme difformité, sont appellés degrés de difformité ; mais il y a un plus grand nombre de degrés de difformité que de ceux de beauté, parcequ'il se trouve beaucoup plus de formes qu'il ne s'en trouve de régulieres. Pour cette raison il seroit, peut-être, plus difficile de trouver un modèle pour l'extreme difformité qu'il ne l'est pour la beauté simple.

Dans la cours de mes observations sur les divers genres de beaux visages, et dans mes fréquents examens des exemples que j'en donne dans cet ouvrage, un effet, ou apparence, dans la contenance humaine s'est presenté à mes yeux, lequel est peut-être nouveau, et peut devenir utile pour l'art de dessiner. J'offrirai donc cette observation accidentelle au public dans le même jour dont j'ai été frappé, & je soumettrai la vérité et l'exatitude de la proposition au jugement reflechi des curieux qui décideront, du moins, s'il y a quelque chose de réel dans ma conjecture. Voici dequoi il est question. En prémier lieu, le visage de la beauté simple semble exposer aux yeux quelque foible apparence de tous les caractéres que j'ai décrits comme appartenant à l'ame, excepté trois, la vive, la fiere, & la fine, tout ainsi que la lumière, selon Newton, contient toutes les couleurs prismatiques. Secondement, dans tous les visages des beautés caractérisées on peut remarquer un petit degré de ressemblance entre elles. J'espère que l'obscurité qui est ici inévitable sera éclaircie par l'arrangement suivant.

Dans la Beauté Simple on peut voir quelque petit degré de-là Majestueuse ; de la Spirituelle, ou Sensée, ou Judicieuse ; de la Décidée, ou Déterminée, ou Ferme ; de la Mélancolique ; de la Sensible, ou Tendre ; de la Timide ; de la Languissante, ou Délicate ; de la Pénétrante, ou Intelligente ; de la Prévenante, ou Engageante ; de la Douce, ou Sociable ; de la Craintive ; de la Gaïe ; de l'Innocente.

Dans la Majestueuse on peut voir en un petite degré de la Spirituelle, ou Sensée, ou Judicieuse ; de la Ferme, ou Déterminée, ou Décidée ; de la Vive ; de la Fiére, ou Hautaine ; de la Pénétrante, ou Intelligente ; de la Douce ou Sociable.

Dans la Spirituelle, ou Sensée, ou Judicieuse, est la Majestueuse ; la Déterminée, ou Ferme, ou Décidée ; la Pénétrante, ou Intelligente.

Dans la Déterminée, ou Ferme, est la Majestueuse ; la Spirituelle, ou Sensée, ou Judicieuse ; la Fière ; la Pénétrante, ou Intelligente.

Dans la Vive, est la Majestueuse ; la Spirituelle, ou Sensée, ou Judicieuse ; la Ferme, ou Déterminée, ou Décidée ; l'Intelligente ou Pénétrante.

F   Dans

Dans la Fière, ou Hautaine, eſt la Majeſtueuſe; la Spirituelle, ou Senſée, ou Judicieuſe; la Décidée, ou Ferme, ou Déterminée.

Dans la Mélancolique, eſt la Spirituelle, ou Judicieuſe, ou Senſée; la Timide; la Languiſſante, ou Délicate.

Dans la Senſible, ou Tendre, eſt la Spirituelle, ou Senſée, ou Judicieuſe; la Mélancolique; la Timide; la Languiſſante, ou Delicate; l'Intelligente, ou Pénétrante; la Douce, ou Sociable; la Craintive; l'Innocente.

Dans la Timide, eſt la Spirituelle, ou Senſée, ou Judicieuſe; la Douce, ou Sociable; la Craintive; l'Innocente.

Dans la Languiſſante, ou Delicate, eſt la Spirituelle, ou Senſée, ou Judicieuſe; la Timide; la Craintive.

Dans l'Intelligente, ou Pénétrante, eſt la Spirituelle, ou Senſée, ou Judicieuſe; la Vive.

Dans la Prévénante, ou Engageante, eſt la Spirituelle, ou Senſée, ou Judicieuſe; la Vive; la Pénétrante, ou Intelligente; la Douce, ou Sociable; la Ruſée, ou Fine, ou Adroite.

Dans la Douce, ou Sociable, eſt la Spirituelle, ou Senſée, ou Judicieuſe; la Gaïe; l'Innocente.

Dans la Craintive, eſt la Spirituelle, ou Senſée, ou Judicieuſe; la Senſible, ou Tendre; la Timide; la Pénétrante, ou Intelligente.

Dans la Gaïe, eſt la Spirituelle, ou Senſée, ou Judicieuſe; la Douce, ou Sociable; l'Innocente.

Dans la Fine, ou Adroite, ou Ruſée, eſt, la Spirituelle, ou Senſée, ou Judicieuſe; l'Intelligente ou Pénétrante; la Prévenante, ou Engageante.

Dans l'Innocente, eſt, la Spirituelle, ou Senſée, ou Judicieuſe; la Timide.

Je ſais qu'on pourroit en dire beaucoup plus que je n'en dis ſur la beauté de la face humaine; mais je n'ai prétendu donner ſimplement que l'idée d'un projet pratique nouveau; referant l'entière déciſion des principes au ſentiment et à l'expérience; & je ſerai très ſatisfait ſi mon entrepriſe excite les curieux à diſcuter ce ſujet. Qu'on me permette d'ajouter que ſurtout j'ai tâché de produire les effets ſuivans dans tous les exemples, c'eſt à dire, la beauté, l'expreſſion, et la dignité; & chacun de ces effets dans l'état de tranquillité; car je conçois que l'entier aſſortiment peut-être exécuté ou compoſé en telle manière qu'il ſeroit accompagné de plus ou moins des ſuſdites proprietés, leſquelles ſeroient pourtant ſuffiſamment variées dans les individus par la diſtinction de caractères.

COLLECTION

COLLECTION

DES

Principales Variations des Traits Humains.

LE Front.	Le Nez.	La Bouche.	Le Menton.	Le Sourcil.	L'œil.
Variations 4.	12.	16.	2.	12.	16.

Le FRONT.

Var. 1ft. Droit.

2. Courbé en dehors.

3. Courbé en dedans.

4. Courbé en dedans & en dehors.

Le NEZ.

Var. 1. Droit, la direction de la narine à angles droits avec le fil, ou partie supérieure du nez.

2. Courbé en dedans, la direction de la narine à angles droits avec le fil du nez.

3. Courbé en dehors, la direction de la narine à angles droits avec le fil du nez.

4. S'élevant dans le milieu, la direction de la narine à angles droits avec le fil du nez.

5. Droit, & en comparaison de la variation 1. montant un peu obliquement du fil du nez.

6. Courbé en dedans, & en comparaison de la variation 2. la narine montant un peu obliquement du fil du nez.

7. Courbé en dehors, & en comparaison de la variation 3. la narine montant un peu obliquement du fil du nez.

8. S'élevant dans la milieu, & en comparaison de la 4. variation montant un peu obliquement du fil du nez.

9. Droit, & en comparaison de la variation 5. la narine montant un peu plus obliquement du fil du nez.

10. Courbé en dedans, & en comparaison de la variation 6. la narine montant un peu obliquement du fil du nez.

11. Courbé en dehors, & en comparaison de la variation 7. la narine montant un peu plus obliquement du fil du nez.

12. S'élevant dans le milieu, & en comparaison de la variation 8. la narine montant un peu plus obliquement du fil du nez.

G

La

La BOUCHE.

Var. 1. La lévre supérieure s'avançant, lévres épaisses, la lévre supérieure finissant vers le milieu de la bouche, la lévre inférieure finissant en la même manière.

2. La lévre supérieure s'avançant, lévres épaisses, la lévre supérieure finissant vers le milieu de la bouche, la lévre inférieure finissant vers le coin de la bouche.

3. La lévre supérieure s'avançant, lévres épaisses, la lévre supérieure finissant vers le coin de la bouche, la lévre inférieure finissant vers le milieu de la bouche.

4. La lévre supérieure s'avançant, lévres épaisses, la lévre supérieure finissant au coin de la bouche, la lévre inférieure finissant en le même manière.

5. La lévre supérieure s'avançant, lévres minces, la lévre de dessus finissant vers le milieu de la bouche, la lévre inférieure finissant en la même manière.

6. La lévre supérieure s'avançant, lévres minces, la lévre supérieure finissant vers la milieu de la bouche, la lévre inférieure finissant au coin de la bouche.

7. La lévre supérieure s'avançant, lévres minces, la lévre supérieure finissant au coin de la bouche, la lévre inférieure finissant vers le milieu de la bouche.

8. La lévre supérieure s'avançant, lévres minces, le lévre supérieure finissant au coin de la bouche, le lévre inférieure finissant en la même manière.

9. La lévre supérieure s'avançant, la lévre supérieure mince, la lévre inférieure épaisse, la lévre supérieure finissant vers le milieu de la bouche, la lévre inférieure finissant en la même manière.

10. La lévre supérieure s'avançant, la lévre supérieure mince, la lévre inférieure épaisse, la lévre supérieure finissant vers le milieu de la bouche, la lévre inférieure finissant au coin de la bouche.

11. La lévre supérieure s'avançant, la lévre supérieure mince, la lévre inférieure épaisse, la lévre supérieure finissant au coin de la bouche, la lévre inférieure finissant vers le milieu de la bouche.

12. La lévre supérieure s'avançant, le lévre supérieure mince, la lévre inférieure épaisse, la lévre supérieure finissant au coin de la bouche, la lévre inférieure finissant en la même manière.

13. La lévre supérieure s'avançant, la lévre supérieure épaisse, la lévre inférieure mince, la lévre supérieure finissant vers le milieu de la bouche, la lévre inférieure finissant en la même manière.

14. La lévre supérieure s'avançant, la lévre supérieure épaisse, la lévre inférieure mince, la lévre supérieure finissant vers le milieu de la bouche, le lévre inférieure finissant au coin de la bouche.

15. La lévre supérieure s'avançant, la lévre supérieure épaisse, la lévre inférieure mince, la lévre supérieure finissant au coin de la bouche, la lévre inférieure finissant vers le milieu de la bouche.

16. La lévre supérieure s'avançant, la lévre supérieure épaisse, la lévre inférieure mince, la lévre supérieure finissant au coin de la bouche, la lévre inférieure finissant en la même manière.

Le

Le MENTON.

Var. 1. Simple, ou un seul menton.
2. Double, ou un double menton.

Le SOURCIL.

Var. 1. Droit, à angles droits avec le fil, ou partie supérieure du nez.
2. Droit, descendant obliquement du fil du nez.
3. Droit, montant obliquement du fil du nez.
4. Courbé à angles droits avec le fil du nez.
5. Courbé, descendant obliquement du fil du nez.
6. Courbé, montant obliquement du fil du nez.
7. Ondoyant, en position, à angles droits avec le fil du nez ; la partie prochaine du nez courbée en haut.
8. Ondoyant, en position descendant du fil du nez depuis le commencement ; la partie prochaine du nez courbée en haut.
9. Une ondoyante ligne, en position montant du fil du nez ; la partie prochaine du nez recourbée en haut.
10. Une ligne ondoyante, en position, à angles droits avec le fil du nez ; la partie prochaine du nez courbée en bas.
11. Une ligne ondoyante, en position descendant du fil du nez ; la partie prochaine du nez courbée en bas.
12. Une ligne ondoyante, en position montant du fil du nez ; la partie prochaine du nez courbée en bas.

L'OEIL.

Var. 1. A demi fermé, la paupiére de dessus et celle de dessous larges, la prunelle très couverte par la paupiére de dessus.
2. A demi fermé, les deux paupiéres étroites, la prunelle très couverte par la paupiére de dessus.
3. A demi fermé, la paupiere de dessus large, la paupiére de dessous étroite, la prunelle très couverte.
4. A demi fermé, la paupiére de dessus étroite, la paupiére de dessous large, la prunelle très couverte.
5. A demi fermé, les deux paupiéres larges, la prunelle un peu couverte.
6. A demi fermé, les deux paupiéres étroites, la prunelle un peu couverte.
7. A demi fermé, la paupiére de dessus large, la paupiére de dessous étroite, la prunelle un peu couverte.
8. A demi fermé, la paupiére de dessus étroite, la paupiére de dessous large, la prunelle un peu couverte.
9. Ouvert, les deux paupiéres larges, la prunelle très couverte.
10. Ouvert, les deux paupiéres étroites, la prunelle très couverte.
11. Ouvert, la paupiére de dessus large, la paupiére de dessous étroite, la prunelle très couverte.
12. Ouvert, la paupiére de dessus étroite, la paupiére de dessous large, la prunelle très couverte.
13. Ouvert, les deux paupiéres larges, la prunelle un peu couverte.
14. Ouvert, les deux paupiéres étroites, la prunelle un peu couverte.
15. Ouvert, la paupiére de dessus large, la paupiére de dessous étroite, la prunelle un peu couverte.
16. Ouvert, la paupiére de dessus étroite, la paupiére de dessous large, la prunelle un peu couverte.

H   TABLES

T A B L E S

D E S

Diverses Combinaisons de T R A I T S.

T A B L E I.

Les Traits de la Beauté Simple.

Le Front, 2. var. le Nez, 6. la Bouche, 3. le Menton, 1. le Sourcil, 4. l'œil, 12.

T A B L E II.

Les Traits de la Majestueuse.

Le Front, 1. var. le Nez, 5. la Bouche, 4. le Menton, 2. le Sourcil, 8. l'œil, 3.

T A B L E III.

La Spirituelle, ou Sensée, ou Judicieuse.

Le Front, 1. var. le Nez, 3. la Bouche, 4. le Menton, 1. le Sourcil, 6. l'œil, 9.

T A B L E IV.

La Déterminée, ou Ferme, ou Décidée.

Le Front, 1. var. le Nez, 7. la Bouche, 10. le Menton, 2. le Sourcil, 10. l'œil, 14.

T A B L E V.

De la Vive.

Le Front, 4. var. le Nez, 12. la Bouche, 12. le Menton, 1. le Sourcil, 9. l'œil, 14.

T A B L E VI.

De la Fière, ou Hautaine.

Le Front, 1. var. le Nez, 12. la Bouche, 4. le Menton, 2. le Sourcil, 4. l'œil, 9.

T A B L E VII.

De la Mélancolique.

Le Front, 2. var. le Nez, 5. la Bouche, 10. le Menton, 1. le Sourcil, 8. l'œil, 9.

TABLE

TABLE VIII.

De la Senfible, ou Tendre.

Le Front, 2. var. le Nez, 6. la Bouche, 12. le Menton, 1. le Sourcil, 11. l'œil, 2.

TABLE IX.

De la Timide.

Le Front, 2. var. le Nez, 5. la Bouche, 12. le Menton, 1. le Sourcil, 4. l'œil, 12.

TABLE X.

De la Languiffante, ou Délicate.

Le Front, 2. var. le Nez, 4. la Bouche, 8. le Menton, 1. le Sourcil, 7. l'œil, 12.

TABLE XI.

De la Pénétrante, ou Intelligente.

Le Front, 2. var. le Nez, 5. la Bouche, 6. le Menton, 1. le Sourcil, 1. l'œil, 8.

TABLE XII.

De la Prévenante, ou Engageante.

Le Front, 2. var. le Nez, 12. la Bouche, 12. le Menton, 2. le Sourcil, 7. l'œil, 2.

TABLE XIII.

De la Douce, ou Sociable.

Le Front, 2. var. le Nez, 6. la Bouche, 4. le Menton, 2. le Sourcil, 5. l'œil, 2.

TABLE XIV.

De la Craintive.

Le Front, 2. var. le Nez, 6. la Bouche, 12. le Menton, 1. le Sourcil, 8. l'œil, 14.

TABLE XV.

De la Gaie.

Le Front, 2. var. le Nez, 10. la Bouche, 4. le Menton, 2. le Sourcil, 7. l'œil, 6.

TABLE XVI.

De la Fine, ou Rusée, ou Adroite.

Le Front, 2. var. le Nez, 10. la Bouche, 6. le Menton, 1. le Sourcil, 9. l'œil, 6.

TABLE XVII.

De l'Innocente.

Le Front, 2. var. le Nez, 2. la Bouche, 9. la Menton, 1. la Sourcil, 5. l'œil, 14.

F I N.

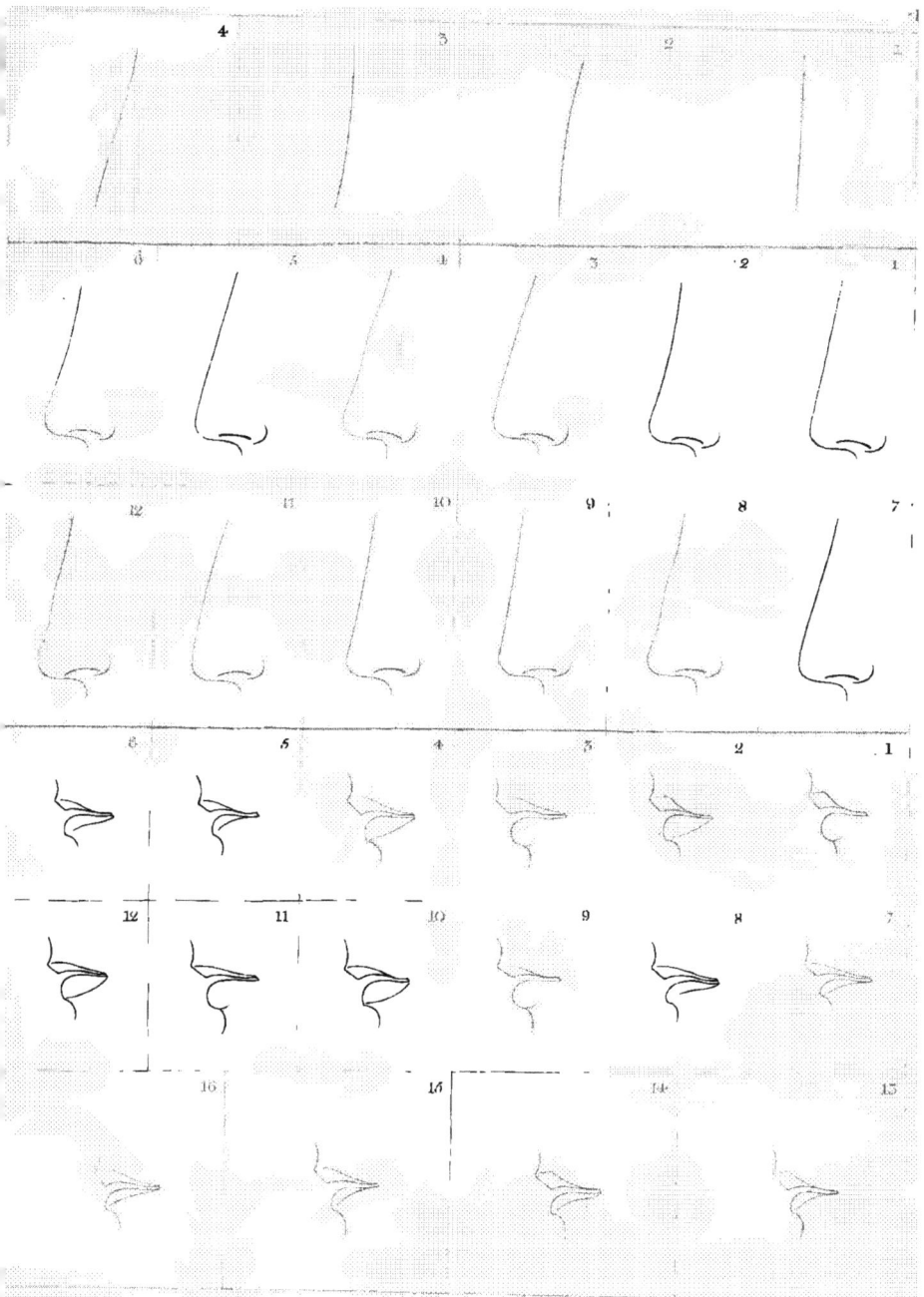

Published April 1 — by Mess. Carver Longacre Street, Longacre Fields, London.

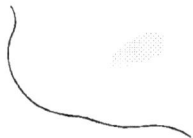

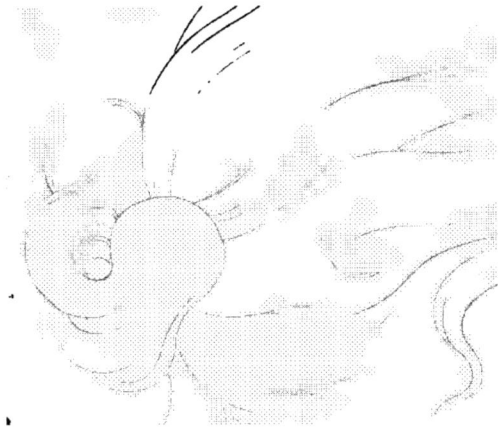

The Sensible, or wise.   1 Beauté   2 particullé

Published April 10, 1777, by Mrs Vernor, Birchin Lane, Cornhill, London.

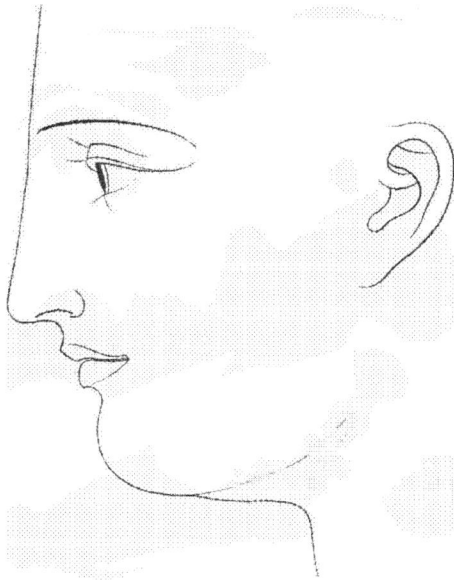

The Majestic

Beauté Majestueuse

Published April 1st, 1793 by Nicol. London. Laurent. Smith. Laurent. Public. London.

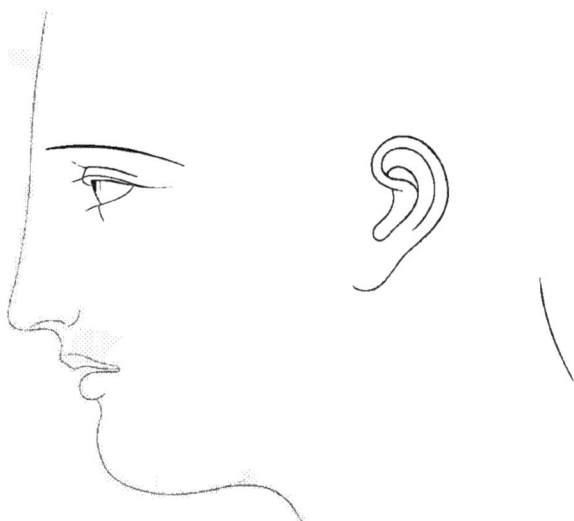

The Steady   *Beauté Determinea*

Published & Sold &c. ...

The Spirited *Beauty* 1779

Published, June 1st, 1779, by Matthew Darly, Strand. Printed, Pickle London.

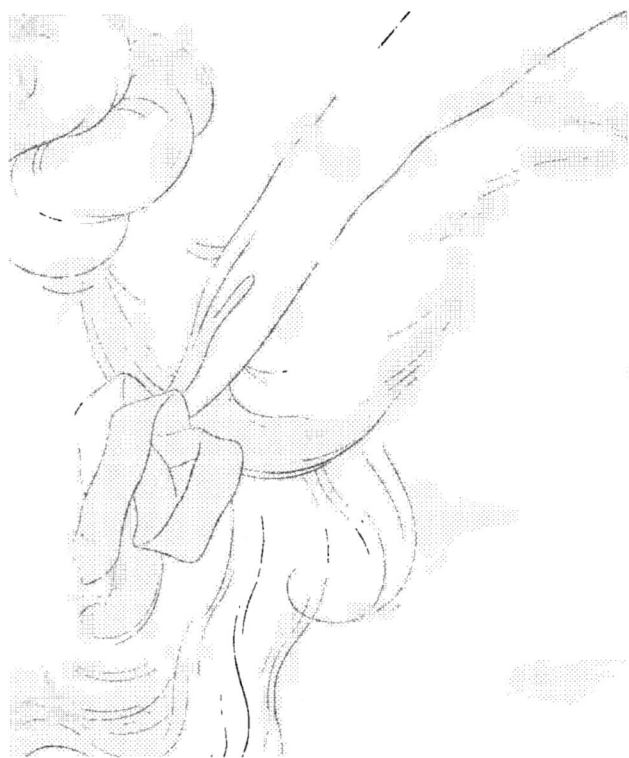

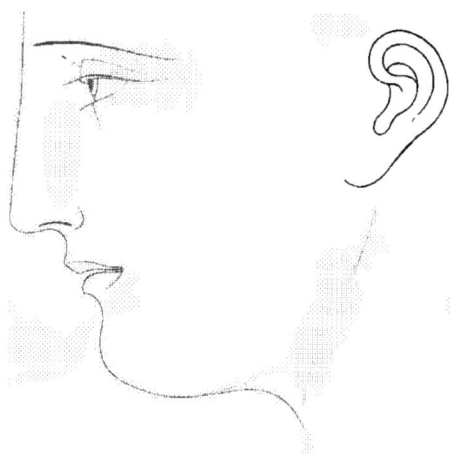

The Melancholy   *Beauté Melancholique*

Publish'd April 10. 1772 by Alex.^r ... Torentis.... Street ... Fields London

The Tender   *Beauté Sensible*

Leicester Street, Leicester Fields, London

The Menus   *Beauté Fin de*

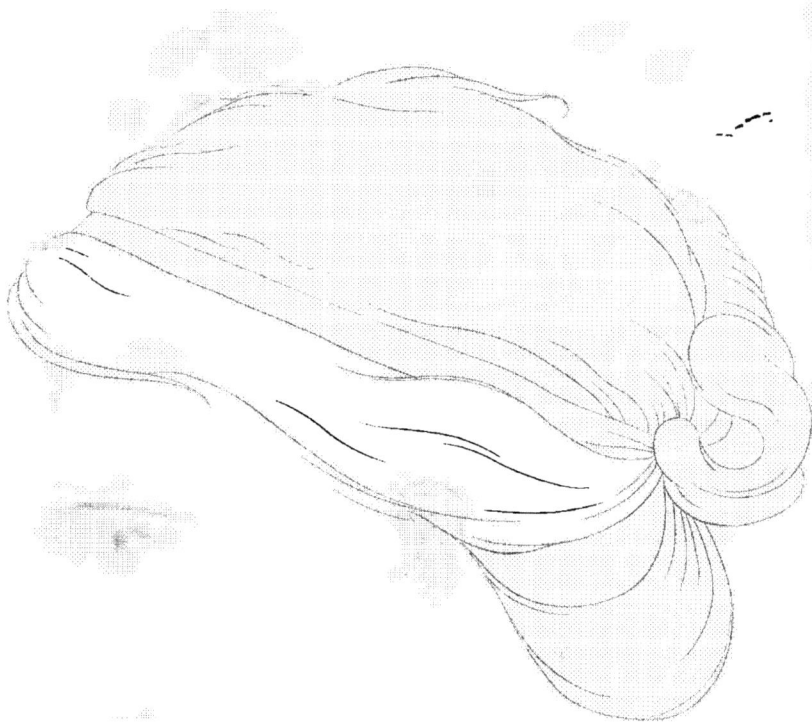

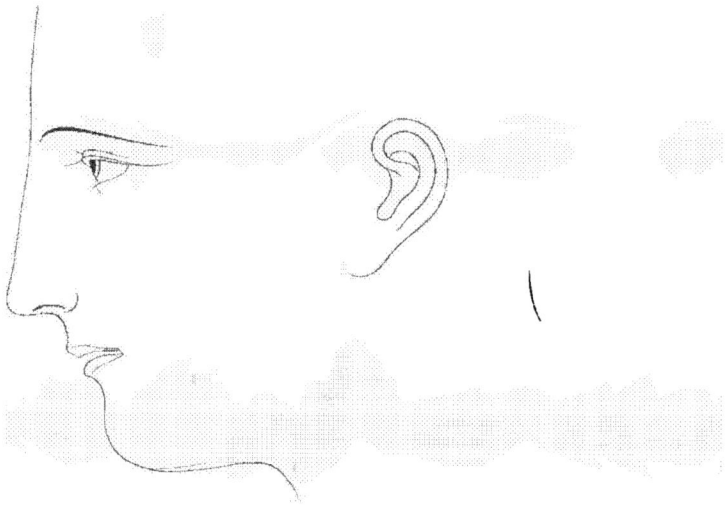

The Languid or delicate   Beauté Languissante

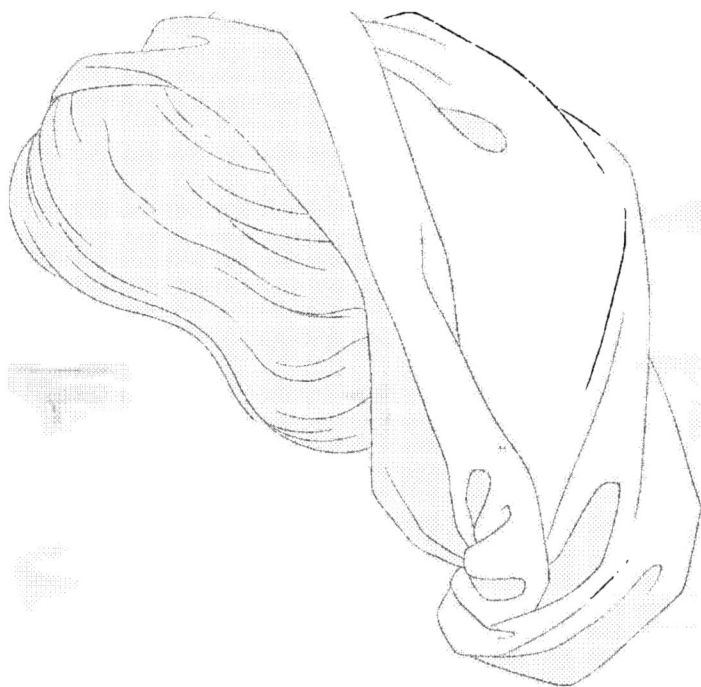

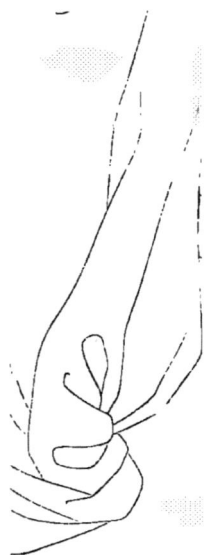

The Penetrating   Brute Intelligents

12

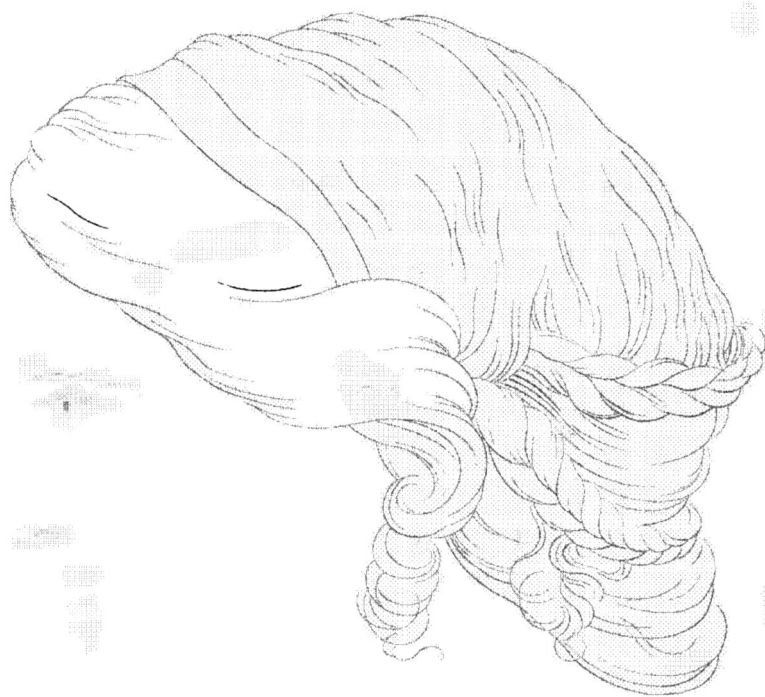

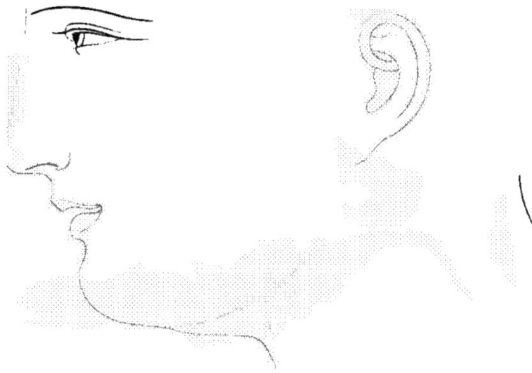

The Engaging.   *Beauté prevenante*

Published April 10. 1801 by Silvester Longman Street, Lincolns Fields, London

The Good natured

The Timid — Beaute Craintive

Published, April 10, 1823, by Mrs. ... at ... Longacre Fields, London

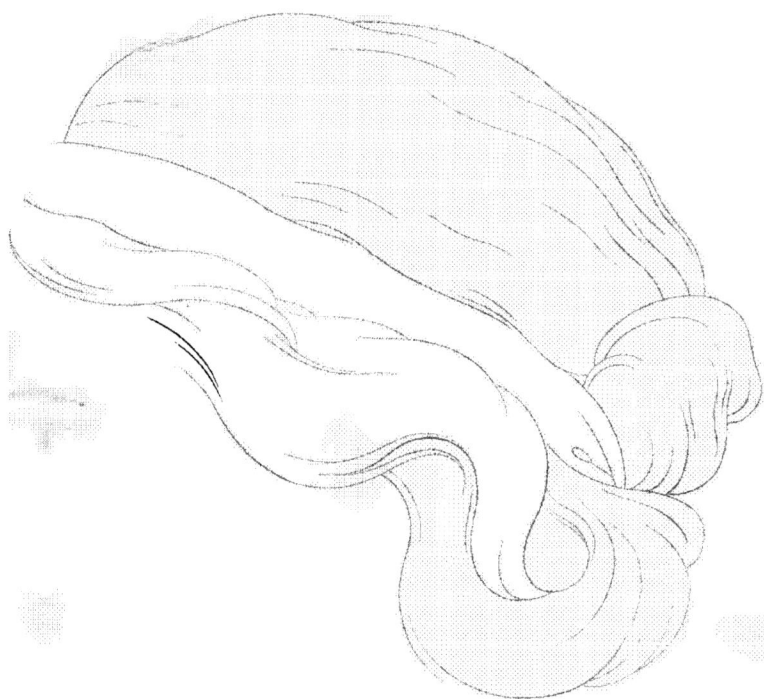

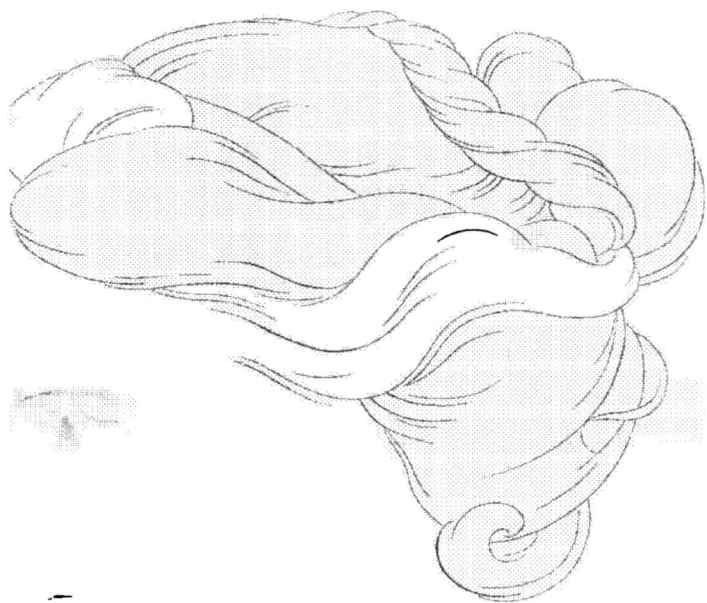

www.ingramcontent.com/pod-product-compliance
Lightning Source LLC
Chambersburg PA
CBHW030546270326
41927CB00008B/1537